LAS LIGAS MAYORES

LA NHL

Un libro de Las Ramas de Crabtree

B. Keith Davidson
Traducción de Santiago Ochoa

CRABTREE
Publishing Company
www.crabtreebooks.com

Apoyos de la escuela a los hogares para cuidadores y maestros

Este libro de gran interés está diseñado con temas atractivos para motivar a los estudiantes, a la vez que fomenta la fluidez, el vocabulario y el interés por la lectura. Las siguientes son algunas preguntas y actividades que ayudarán al lector a desarrollar sus habilidades de comprensión.

Antes de leer:
- *¿De qué creo que trata este libro?*
- *¿Qué sé sobre este tema?*
- *¿Qué quiero aprender sobre este tema?*
- *¿Por qué estoy leyendo este libro?*

Durante la lectura:
- *Me pregunto por qué...*
- *Tengo curiosidad por saber...*
- *¿En qué se parece esto a algo que ya conozco?*
- *¿Qué he aprendido hasta ahora?*

Después de la lectura:
- *¿Qué intentaba enseñarme el autor?*
- *¿Qué detalles recuerdo?*
- *¿Cómo me han ayudado las fotografías y los pies de foto a comprender mejor el libro?*
- *Vuelvo a leer el libro y busco las palabras del vocabulario.*
- *¿Qué preguntas me quedan?*

Actividades de extensión:
- *¿Cuál fue tu parte favorita del libro? Escribe un párrafo al respecto.*
- *Haz un dibujo de lo que más te gustó del libro.*

ÍNDICE

EL JUEGO

El hockey es un juego que se practica con caucho sobre hielo, dos materiales muy impredecibles. La idea principal del juego es sencilla: meter el disco en la red. La tarea no es tan fácil. Los jugadores tienen que estar atentos al disco, a sí mismos y a los demás jugadores sobre el hielo.

UN DATO DIVERTIDO

El hockey es una combinación de juegos europeos de palo y pelota, como el *hurley* y el *shinny*, con juegos de los nativos americanos, como el *lacrosse* y el *tooadijik*.

El primer partido de hockey en pista cubierta se disputó el 3 de marzo de 1875, en Montreal.

Los Buffalo Sabres y los Minnesota Wild calientan en el hielo antes de un partido.

ENCENDIENDO LA LÁMPARA

No hay nada que haga más feliz a un jugador que ver la luz roja de la portería encenderse. Significa que su equipo ha anotado.

Sidney Crosby

Wayne Gretzky

Nadie ha encendido la luz roja más veces que Wayne Gretzky, con 894 goles en su carrera. A lo largo de los años ha habido muchos goles famosos, como el Gol de Oro, marcado por Sidney Crosby. Ese fue el gol que le permitió a Canadá ganar la medalla de oro en los Juegos Olímpicos de Invierno en 2002.

UN DATO DIVERTIDO

Justin Williams, tras anotar 15 puntos en nueve ocasiones, durante el séptimo partido de una serie de eliminatorias, empezó a ser conocido como *Míster Juego Siete*, ya que este era un partido decisivo.

VELOCIDAD CENTELLEANTE

Los jugadores de la NHL, durante un juego, han alcanzado velocidades de 30 mph (48 km/h). Esto es rápido para un ser humano, pero el disco se mueve aún más rápido, alcanzando a menudo velocidades de más de 93 mph (150 km/h).

UN DATO DIVERTIDO

Los discos se guardan en un congelador porque rebotarían en el hielo si estuvieran calientes.

EN EL ESTANQUE

El hockey sobre estanques es donde el juego realmente comenzó a tomar forma. No había **zonas**, ni **línea roja**, ni tampoco árbitros. Bobby Orr, al igual que Mark Stone, el maestro del *takeaway*, le dieron crédito al hockey sobre estanque por su estilo único de juego.

Bobby Orr y el delantero
Wayne Cashman

EL ARTE DE LA CARGA

La carga legal no consiste simplemente en volar por el hielo y lastimar a alguien. Implica delicadeza y habilidad. Tanto si se trata de cargar con la cadera, derribar a los rivales sobre el hielo o de un golpe directo de hombro contra hombro, el jugador debe calcular el momento preciso de la carga.

Chris Kelly, el delantero de los Boston Bruins, carga contra el delantero de los New York Rangers, Brandon Dubinsky, haciéndolo caer.

Bryce Slavador, de los New Jersey Devils, carga contra Shawn Thornton, delantero de los Boston Bruins.

UN DATO DIVERTIDO

419 minutos de penalización es el récord en un partido, y ocurrió cuando los Ottawa Senators se enfrentaron a los Philadelphia Flyers el 5 de marzo de 2004.

DEJANDO CAER LOS GUANTES

Para muchos aficionados, una pelea representa el momento más emocionante de un partido de hockey. Dos hombres corpulentos se ponen frente a frente e intercambian golpes hasta que los jueces de línea los separan. Puede parecer una **barbaridad**, pero existe un código de honor entre los luchadores. El objetivo es enviar un mensaje al otro equipo, y no causar lesiones graves.

Dave Shultz tiene el récord de penalizaciones en una temporada, con 472 minutos.

¿QUÉ HACE HERMOSO A UN JUGADOR?

Con una cicatriz o unos cuantos dientes perdidos, estas caras pueden parecer horribles para la mayoría de la gente, pero son hermosas para un jugador de hockey.

En el hockey, «belleza» es un término que se utiliza para describir a un compañero de equipo que es increíble tanto dentro como fuera del hielo. Juega a pesar del dolor y aunque corra un alto riesgo de sufrir una lesión. Una «belleza» es el jugador de hockey que hará todo lo posible por ganar.

RAYAS

«¡Vamos, Rayas!» es algo que probablemente escuches en cualquier estadio de hockey. Los árbitros pitan los **penaltis** y deciden lo que cuenta como gol. Los jueces de línea pitan los **fuera de lugar** y los *icings* del disco. Una mala decisión puede cambiar por completo el resultado del partido. Probablemente esa es la razón por la que los aficionados se enojan tanto.

El partido más largo en la historia de la NHL tuvo lugar en 1936: duró 116 minutos y 30 segundos. El resultado al final de la sexta prórroga fue de 1-0 para los Detroit Red Wings. Sin embargo, los partidos largos siguen vigentes. El 11 de agosto de 2020, Brayden Point ganó un partido por 2-1 para los Tampa Bay Lighting en la quinta prórroga.

El 23 de marzo de 1952, Bill Mosienko marcó tres goles en 21 segundos, lo que le otorgó el récord del *hat trick* más rápido de la historia.

FIRME ENTRE LOS TUBOS

Ningún equipo puede aspirar a llegar a las eliminatorias si no tiene un portero firme. Porteros como Carey Price, Jordan Binnington y Marc-Andre Fleury son conocidos por sostener a sus equipos.

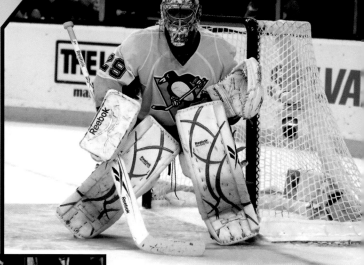

Marc-Andre Fleury

Carey Price

Ganar se reduce a anotar más goles que el otro equipo, y la mayoría de las veces el peso recae en cuidar la portería.

UN DATO DIVERTIDO

Ben Scrivens hizo 59 atajadas el 29 de enero de 2014, la mayor cantidad realizada por un portero sin recibir anotaciones, durante un partido, en una temporada regular.

21

LA COPA

Las eliminatorias de la NHL constan de cuatro rondas de agotadoras competiciones en series de siete partidos. Un equipo necesita ganar cuatro partidos para pasar a la siguiente ronda. Los compañeros de equipo se mantienen unidos a pesar de las lesiones y de las desgarradoras derrotas. Si obtienen una victoria, su premio será la **Copa Stanley**, el trofeo más famoso de este deporte.

UN DATO DIVERTIDO

Los jugadores tienen un día para pasarlo con la Copa Stanley, la gente ha hecho muchas cosas raras con este trofeo. Ha sido extraviado y lo han tirado al río, aunque hay personas que lo único que quieren es comer cereal en él.

EL GRANDE
WAYNE GRETZKY

CARRERA DE **1979 A 1999**

PARTIDOS JUGADOS	1,487
GOLES	894
ASISTENCIAS	1,963
PUNTOS	2,857

PREMIOS

10 Trofeos Art Ross
5 Premios Ted Lindsay
1 Trofeo Lester Patrick
9 Trofeos Hart
2 Trofeos Conn Smythe
5 Trofeos Lady Byng
4 Copas Stanley

SIDNEY CROSBY

CARRERA DE **2005 A LA FECHA**

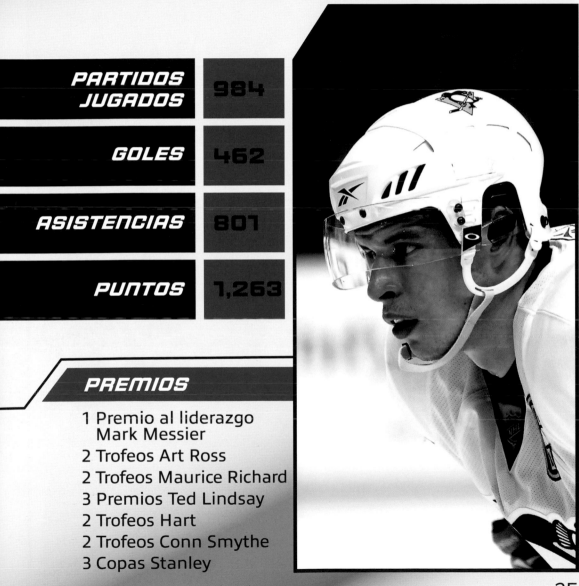

PARTIDOS JUGADOS	**984**
GOLES	**462**
ASISTENCIAS	**801**
PUNTOS	**1,263**

PREMIOS

- 1 Premio al liderazgo Mark Messier
- 2 Trofeos Art Ross
- 2 Trofeos Maurice Richard
- 3 Premios Ted Lindsay
- 2 Trofeos Hart
- 2 Trofeos Conn Smythe
- 3 Copas Stanley

CONNOR MCDAVID

CARRERA DE **2015 A LA FECHA**

PARTIDOS JUGADOS	351
GOLES	162
ASISTENCIAS	307
PUNTOS	469

PREMIOS

2 Trofeos Art Ross
2 Premios Ted Lindsay
1 Trofeo Hart

CAREY PRICE

PARTIDOS JUGADOS	682
PORCENTAJE DE ATAJADAS	.917
PROMEDIO DE GOLES RECIBIDOS	2.49

PREMIOS

1 Trofeo Vezina
1 Premio Ted Lindsay
1 Trofeo Jennings
1 Trofeo Hart

LA NHL

El sueño de todo joven jugador de hockey es jugar algún día en la NHL, competir con los mejores jugadores del mundo y practicar el deporte que aman.

UN DATO DIVERTIDO

Cuando un jugador marca un hat trick, o tres goles en un mismo juego, los aficionados lanzan sus sombreros al hielo. ¿Qué ocurre con los sombreros? El jugador elige uno o dos y el resto se guarda por si la gente quiere recuperarlos. Después de una semana, los sombreros se donan a una organización benéfica.

Extraoficialmente, un hat trick «Gordie Howe» es un gol, una asistencia y una pelea en un mismo juego.

GLOSARIO

barbaridad: Una cosa o comportamiento muy cruel.

Copa Stanley: El premio al mejor equipo de hockey del año.

fuera de lugar: Cuando un jugador entra en la zona del otro equipo sin el disco.

hat trick: Tres goles marcados por el mismo jugador en un mismo partido.

icings: Ocasiones en las que el disco se desplaza, sin ser tocado, desde antes de la línea central hasta la línea de gol del otro equipo.

línea roja: La línea central de la pista de hockey.

penaltis: Castigos en los deportes, normalmente decididos por un árbitro.

takeaway: Quitarle el disco a otro jugador.

zonas: Se refiere a las tres zonas de una pista de hockey: la zona de cada equipo y la zona neutral central.

ÍNDICE ANALÍTICO

DATOS CURIOSOS:

Zdeno Chara tiene el récord del golpe más rápido del mundo: su slapshot ha sido cronometrado a 108.8 mph (175 km/hr).

En 1979, Ron Hextall se convirtió en el primer portero que marcó un gol disparando el disco en una red abierta.

¿Hay familias pendencieras? Los hermanos Dale y Tim Hunter tienen más de 3 000 minutos de penaltis, lo que los convierte en los números 2 y 8 de la tabla de jugadores con más penaltis en la historia.

SITIOS WEB CON MÁS DATOS CURIOSOS (PÁGINAS EN INGLÉS):

www.hockeycanada.ca/multimedia/kids

https://facts.kiddle.co/Ice_hockey

http://howtohockey.com

ACERCA DEL AUTOR

B. Keith Davidson

B. Keith Davidson creció jugando con sus tres hermanos y un montón de niños de su barrio; aprendió de la vida a través del deporte y la actividad física. Ahora enseña estos juegos a sus tres hijos.

CRABTREE Publishing Company

Produced by: Blue Door Education for Crabtree Publishing

Written by: B. Keith Davidson

Designed by: Jennifer Dydyk

Edited by: Tracy Nelson Maurer

Proofreader: Ellen Rodger

Traducción al español: Santiago Ochoa

Maquetación y corrección en español: Base Tres

Print and production coordinator: Katherine Berti

Reconocemos que algunas palabras, nombres de equipos y denominaciones, por ejemplo, mencionados en este libro, son propiedad del titular de la marca. Las usamos únicamente con propósitos de identificación. Esta no es una publicación oficial.

Cover: Top photo © Shutterstock.com/ Oleksii Sidorov, players © Kathy Willens/ Associated Press, PG 4: ©shutterstock.com/vkilikov, PG 5: ©istock.com/bigjohn36 (top), © Gale Verhague/ Dreamstime.com, PG 6: ©Alexander Mirt| Dreamstime.com, PG 7: Gretsky image © Håkan Dahlström https://creativecommons.org/licenses/by-sa/3.0/ Sidney Crosby © VancityAllie.com/ CCAT2.0 www.creativecommons.org/licenses/by/2.0/deed.en, PG 8: shutterstock.com/Eugene Onischenko, PG 9: shutterstock.com/Christopher Bailey, PG 10-11: LesPalenik / Shutterstock.com, PG 11: © Jerry Coli| Dreamstime.com (inset), PG 12: ©Jerry Coli| Dreamstime.com, PG 13: ©Jerry Coli| Dreamstime.com, PG 14: shutterstock.com/kovop58, PG 15: ©Fahrner78| Dreamstime.com(top), ©Scott Anderson| Dreamstime.com, PG 16: © Albertshakirov| Dreamstime.com, PG 17: ©Jerry Coli| Dreamstime.com(top), ©Secondarywaltz/ CCA2.0www.creativecommons.org/licenses/by/2.0/ deed.en, PG 19: Jai Agnish / Shutterstock.com, PG 20: ©Jerry Coli| Dreamstime.com, PG 21: ©Jerry Coli| Dreamstime.com (top), ©Jerry Coli| Dreamstime.com, PG 23: ©Meunierd| Dreamstime.com, PG 24: © Håkan Dahlström https://creativecommons.org/licenses/by-sa/3.0/ PG 25: ©Jerry Coli| Dreamstime.com, PG 26: ©Gints Ivuskans| Dreamstime.com, PG 27: ©Jerry Coli| Dreamstime. com, PG 28: ©Jerry Coli| Dreamstime.com, PG 29: ©shutterstock.com/Master1305

Library and Archives Canada Cataloguing in Publication
Available at the Library and Archives Canada

Library of Congress Cataloging-in-Publication Data
Names: Davidson, B. Keith, 1982- author.
Title: La NHL / B. Keith Davidson ; traducción de Santiago Ochoa.
Other titles: NHL. Spanish
Description: New York, N.Y. : Crabtree Publishing, [2022] | Series: Las ligas mayores | "Un libro de Las Ramas de Crabtree."
Identifiers: LCCN 2021040002 (print) |
    LCCN 2021040003 (ebook) |
    ISBN 9781039613614 (hardcover) |
    ISBN 9781039613676 (paperback) |
    ISBN 9781039613737 (ebook) |
    ISBN 9781039613799 (epub) |
    ISBN 9781039613850
Subjects: LCSH: National Hockey League--History--Juvenile literature. | Hockey--United States--History--Juvenile literature. | Hockey--Canada--History--Juvenile literature.
Classification: LCC GV847.8.N3 D36818 2022 (print) |
    LCC GV847.8.N3 (ebook) | DDC 796.962/6406--dc23
LC record available at https://lccn.loc.gov/2021040002
LC ebook record available at https://lccn.loc.gov/2021040003

Crabtree Publishing Company

www.crabtreebooks.com   1-800-387-7650

Printed in the U.S.A./072021/CG20210616

Published in the United States
Crabtree Publishing
347 Fifth Avenue, Suite 1402-145
New York, NY, 10016

Published in Canada
Crabtree Publishing
616 Welland Ave.
St. Catharines, ON, L2M 5V6